RU
EN

#1 ОСЕНЬ/FALL 2021

HORIZONS

BURABAY

4Seasons

I0160260

Just Legendary

EST: 2002

www.silkroadmedia.co.uk

ISBN: 9781913356378

VOICES OF FRIENDS
POETRY & ART
2022

НЕМНОГО СТАТИСТИКИ О ПАРКЕ "БУРАБАЙ"

Расположен в Северном Казахстане, Бурабайский район, Акмолинская область
Located in Northern Kazakhstan, Burabay district, Akmola region

Климат мягкий, но с умеренно холодной зимой и тёплым летом
The climate is mild, but with moderately cold winters and warm summers

В парке находится более 15 озер, самые известные: Боровое, Щучье, озера Большое и Малое Чебачье и большое количество более мелких озер
In the park there are more than 15 lakes in Borovoe, the most famous are: Borovoe, Shchuche, lakes Bolshoye and Maloye Chebachye and a large number of smaller lakes

На территории есть 3 горных вершины, 3 больших скалы и очень много мелких скал
IOn the territory there are 3 mountain peaks, 3 large rocks and a lot of small rocks

A LITTLE BIT OF STATISTIC ABOUT THE BURABAY PARK

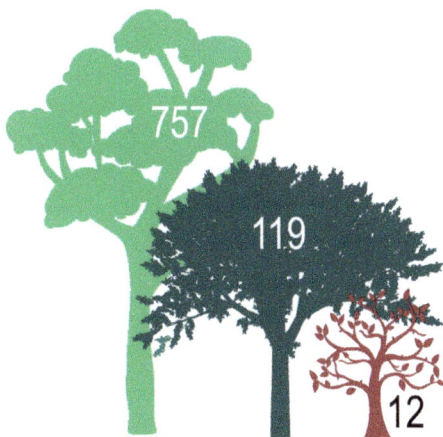

757

119

12

На территории произрастает 757 видов растений. 119 из них нуждаются в охране, 12 занесены в Красную книгу

757 plant species grow on the territory. 119 of them are in need of protection, 12 are included in the Red Book

844

305

13

Фауна, благодаря разнообразию растительного мира очень богатая: здесь обитает 305 видов животных, что составляет 36 % всей фауны Казахстана, 13 видов занесены в Красную книгу

The fauna, thanks to the diversity of the flora, is very rich: 305 species of animals live here, which is 36% of the entire fauna of Kazakhstan, 13 of them are listed in the Red Book

ДОБРО ПОЖАЛОВАТЬ В ЛЕГЕНДАРНЫЙ ОАЗИС СЕВЕРНОГО КАЗАХСТАНА!

Друзья, вы держите в руках первый выпуск путеводителя-альманаха «BURABAY 4Seasons», который представляет собой информационное издание о туризме и путешествиях по легендарному оазису в северной части Казахстана, адресованное не только любителям путешествий, но и профессионалам туристического бизнеса.

Здесь планируется провести всесторонний обзор современного состояния и перспектив развития, а также представить материалы о достигнутых результатах в сфере туризма.

На самом деле, проделана огромная работа в которой задействованы сотни людей: и государственных служащих, и бизнесменов, и менеджеров, и ветеранов туризма каждый из которых внес свой вклад в развитие Щучинско-Боровской курортной зоны.

Сама природа одарила этот край густыми сосновыми борами, озерами, богатыми рыбой, многообразием флоры и фауны. Не случайно эти места взяты под охрану государства и имеют статус Государственного Национального природного парка «Бурабай».

При этом, за последние десять лет, благодаря вниманию государства, курорт Бурабай стал одним из ведущих курортов страны, который представлен развитой инфраструктурой и высоким качеством сервиса.

Путешествуйте по Бурабаю! И пусть этот номер журнала поможет вам определиться с выбором дестинации для вашего следующего отдыха!

Андрей Иванович Подгурский,
руководитель управления туризма
Акмолинской области

WELCOME TO THE LEGENDARY OASIS OF NORTHERN KAZAKHSTAN!

Dear friends, you are holding the first issue of the "BURABAY 4Seasons" almanac and guide, which is an informational edition on tourism and travel through the legendary oasis in the northern part of Kazakhstan, addressed not only to travel lovers, but also to tourism professionals.

It is planned to conduct a comprehensive review of the current state and prospects for development, as well as to provide materials on the results achieved in the field of tourism.

In fact, a great deal of work has been done in which hundreds of people are involved: both government employees, businessmen, managers and tourism veterans, each of whom has contributed to the development of the Shchuchinsk & Borovoe resort area.

Nature itself gave this region dense pine forests, lakes rich in fish, a variety of flora and fauna. It is no coincidence that these places are taken under state protection and have the status of the Burabay State National Nature Park.

At the same time, over the past ten years, thanks to the attention of the state, the resort of Burabay has become one of the leading resorts in the country, which is represented by a developed infrastructure and high quality of service.

Travel through Burabay! And let this issue of the magazine help you to choose the destination for your next holiday!

Andrey Podgurskiy,
Head of the Department of tourism
of Akmola region

Department of Tourism of Akmola region
Управление туризма Акмолинской области

ПЕРВАЯ МЕЖДУНАРОДНАЯ ТВОРЧЕСКАЯ ОРГАНИЗАЦИЯ В ЩУЧИНСКЕ

Творчество всегда было неотъемлемой частью человеческой жизни - от наскальных рисунков до научных прорывов и изобретения вещей, которые казались невозможными. Оно позволяет запечатлеть лучшие времена и пройти сквозь невзгоды. Именно благодаря книгам, фильмам, песням, стихам, картинам, очеркам и другим продуктам творческого процесса мы можем познакомиться с местами, которые никогда не видели, и культурными практиками, которые никогда не пробовали. Заманчиво, правда?

Город Щучинск, основанный еще в 1850 году как железнодорожная станция, успел за свою историю побывать и казачьей станицей, и золотым прииском, и лесхозом, и советским промышленным городом, и здравницей, и местом, где в эвакуации трудились академики с мировым именем - В. И. Вернадский, Н.Д. Зелинский и другие. Не удивительно, что этот город подарил миру много талантливых деятелей культуры и искусства (многие из них до сих пор живут и создают прекрасные вещи) - о них мы обязательно напишем в этом и следующих выпусках.

THE FIRST INTERNATIONAL CREATIVE ORGANIZATION IN SHCHUCHINSK

Creativity has always been an integral part of human life - from rock drawings to scientific breakthroughs and the invention of things that seemed impossible. It allows you to capture the best times and go through adversity. It is thanks to books, films, songs, poems, paintings, essays and other products of the creative process that we can get acquainted with places that we have never seen and cultural practices that we have never tried. It's tempting, isn't it?

The city of Shchuchinsk, founded back in 1850 as a railway station, managed in its history to visit both the Cossack village, the gold mine, the forestry, the Soviet industrial city, the health resort, and the place where academicians with a world name worked in evacuation - V.I. Vernadsky, N.D. Zelinsky and others. Not surprisingly, this city has presented the world with many talented cultural and art figures (many of them still live and create beautiful things) - we will definitely write about them in this and the next issues.

Также не удивительно, что именно этот тихий маленький городок с историей больше, чем в полтора века, выбрала для своей "базы" международная некоммерческая организация с британскими корнями - Евразийская Творческая Гильдия (Лондон). ECG (London) - это организация, которая объединяет и продвигает творческих людей Центральной Евразии.

Что может предложить Гильдия творческим людям Щучинска (и не только)?

Три конкурса (более 25 различных номинаций) для поэтов, прозаиков, переводчиков, скульпторов, художников, фотографов, модельеров, ювелиров и других представителей различных сфер искусства. Каждый год достойнейшие получают гранты или другие полезные для профессионального роста призы.

Международные фестивали в разных городах и странах мира. Лучший повод познакомится с потенциальными партнерами и инвесторами, заявить о себе на международном уровне, получить колоссальный заряд позитивной энергии и вдохновения. Ежегодно проходят четыре фестиваля: Voices of Friends: Poetry & Art (май, Щучинск, Казахстан), ECG Film Festival (июнь, Лондон, Великобритания), Eurasian Creative Week (октябрь, Лондон, Великобритания), Open Eurasian Literary Festival & Book Forum (ноябрь, страна выбирается каждый год).

Оффлайн и онлайн встречи и ивенты самых разных форматов - лучшее место для экспертного и неформального общения, обмена мыслями и представления себя.

Творческая резиденция ECG HORIZONS - подробности на стр. 58

EURASIAN CREATIVE GUILD LONDON

Узнайте больше о нас и наших проектах

It is also not surprising that this quiet small town with more than a century and a half history was chosen for its "base" by an international non-profit initiative with British roots - the Eurasian Creative Guild (London). ECG (London) is an initiative that unites and promotes the creative people of Central Eurasia.

What can the Guild offer to the creative people of Shchuchinsk (and others)?

Three competitions (more than 25 different nominations) for poets, prose writers, translators, sculptors, artists, photographers, fashion designers, jewelers and other representatives of various fields of art. Every year, the most worthy receive grants or other prizes useful for professional development.

International festivals in different cities and countries of the world. The best reason to meet potential partners and investors, declare themselves at the international level, get a tremendous charge of positive energy and inspiration. Four festivals are held annually: Voices of Friends: Poetry & Art (May, Schuchinsk, Kazakhstan), ECG Film Festival (June, London, UK), Eurasian Creative Week (October, London, UK), Open Eurasian Literary Festival & Book Forum (November, country selected every year).

Offline and online meetings and events of various formats are the best place for expert and informal communication, sharing thoughts and representing oneself.

ECG HORIZONS Creative Residency - details on page 58

**EURASIAN
CREATIVE
GUILD**
LONDON

*Learn more about us
and our projects*

Национальный парк Бурабай,
вид на озеро Боровое

Burabay National Park,
view to the Borovoe lake

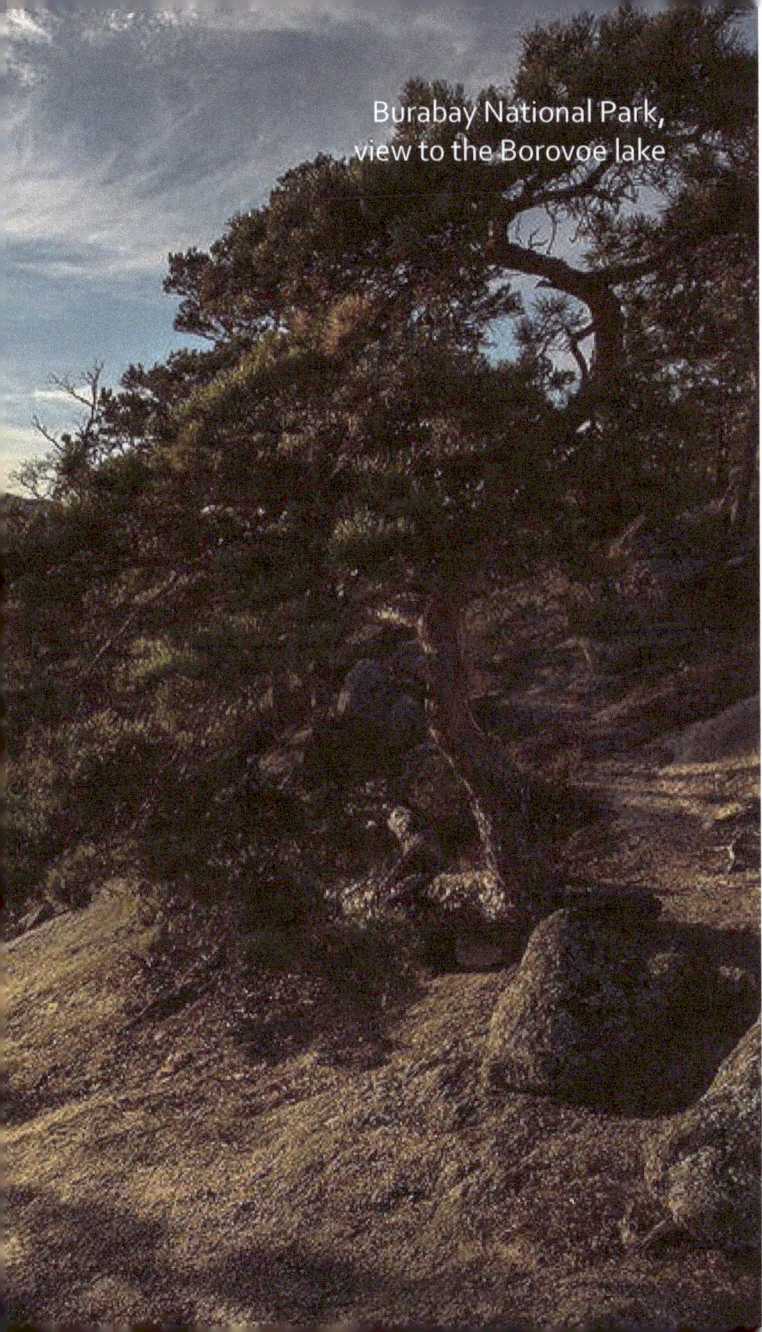

ЛЮБОПЫТНАЯ ИСТОРИЯ НАЗВАНИЯ "БУРАБАЙ"

На севере Казахстана среди степных просторов находится уникальный лесной оазис, который официально носит название Щучинско-Боровская курортная зона. В народе же это место называют Боровое (так именовали его русские переселенцы) или Бурабай (так его называют казахи). Последнее название сейчас получило официальный статус.

По поводу происхождения этих названий существует несколько вариантов. Если в случае с названием «Боровое» все ясно – оно происходит от соснового бора, раскинувшегося почти на всей территории, то по поводу названия «Бурабай» не все так однозначно.

Существуют три варианта этимологии этого слова.

Первый – это просто калька на казахский язык русского названия «Боровое». При географическом описании края, сделанном первыми русскими учеными-исследователями, практически всегда использовались казахские названия, например, озеро Карагайлы (Сосновое или Боровое), озеро Чортан-куль (Шортанколь – Щучье), Кокчетау (Кокшетау – Кокчетавские горы) и т.п. Не исключено, что казахское название Бурабай – это искаженное русское Боровое.

Второй вариант происхождения названия может быть связан с известной легендой о верблюде Буре, хранителе и защитнике края. В минуты опасности Бура громко трубил, предупреждая жителей о надвигающейся опасности – нашествии врага или стихийном бедствии.

CURIOUS STORY OF THE "BURABAY" NAME

In the north of Kazakhstan, among the steppe expanses, there is a unique forest oasis, which is officially called the Schuchinsky-Borovsk resort area. The people call this place Borovoe (as the Russian settlers called it) or Burabay (as the Kazakhs call it). The latter name has now received official status.

There are several options for the origin of these names. If in the case of the name "Borovoe" everything is clear - it comes from the pine forest (sosnovy bor), which is spread over almost the entire territory, but about the name "Burabay" not everything is so unambiguous.

There are three variants of the etymology of this word.

The first one is simply a tracing paper in the Kazakh language of the Russian name "Borovoe". At the geographical description of the region, made by the first Russian scientists and researchers, almost always used Kazakh names, for example, Lake Karagailly (Pine or Borovoe), Lake Chortan-kul (Shortankol - Shchuchye), Kokchetau (Kokshetau - Kokchetav mountains), etc. It is possible that the Kazakh name Burabay is a distorted Russian Borovoe.

The second variant of the origin of the name may be associated with the famous legend about the Bure camel, the keeper and protector of the region. In moments of danger, Bura trumpeted loudly, warning residents of an impending danger - an invasion of the enemy or a spontaneous disaster.

А третий вариант сообщает нам о жившем в этих местах некоем зажиточном человеке, которого звали Бурабай. Он владел большим количеством верблюдов, по его имени и назвали всю местность.

Для получения более правдоподобного объяснения нужно все варианты тщательно проверить, исследовать архивы, опросить знатоков казахского шежире и старожилов. Сейчас же названия «Боровое» и «Бурабай» в повседневной жизни используются как синонимы. Бурабай-Боровое – край действительно прекрасный. Природа разбросала здесь, на сравнительно небольшой площади, свои дары очень щедро. Здесь есть горы и сопки с полезными ископаемыми в их недрах, десятки озер с пресной и минерализованной водой, богатая флора и фауна. Поэтому неудивительно, что еще в доисторические времена человек облюбовал эту местность для своего обитания.

Павел Косович

And the third option tells us about a certain wealthy person who lived in these places, whose name was Burabay. He owned a large number of camels, by his name and named the whole area.

To get a more plausible explanation, you need to carefully check all the options, research the archives, interview connoisseurs of Kazakh shezhire and old-timers. Now the names "Borovoe" and "Burabay" are used in everyday life as synonyms. Burabay-Borovoe is a really beautiful land. Nature is scattered here, in a relatively small area, its gifts very generously. There are mountains and hills with minerals in their depths, dozens of lakes with fresh and mineralized water, rich flora and fauna. Therefore, it is not surprising that even in prehistoric times, people chose this area for their habitation.

Pavel Kosovich

Открытая Евразия

XI OPEN EURASIA

11 международный конкурс

ИЗДАЙ СВОЮ КНИГУ НА РОДИНЕ ШЕКСПИРА

За 10-летнюю историю конкурса, благодаря премиям меценатов, было переведено на английский язык и издано в Лондоне более 30 авторов. Книги не только увидели свет в столице Великобритании, но и получили признание литераторов по всему миру.

КАТЕГОРИИ

- ПРОЗА
- МАЛАЯ ПРОЗА
- ПУБЛИЦИСТИКА
- ДРАМАТУРГИЯ
- САТИРА
- ЛИТЕРАТУРНАЯ КРИТИКА
- ПЕРЕВОД

www.awardslondon.com
konkurs2022@ocamagazine.com
+44 7490 576 010 (Anna Lari)

XI Open Eurasia

XI OPEN EURASIA

iterary contest

ublish your book
London

«Open Eurasia» gives an opportunity to spread its participants' works around the world and the winner in the category of "prose" gets the opportunity to publish his book in the UK.

Categories

- Prose
- Short prose
- Publicism
- Book review
- Drama
- Satire
- Literary translation

www.awardslondon.com
konkurs2022@ocamagazine.com
+44 7490 576 010 (Anna Lari)

ПЕРВЫЙ МЕЖДУНАРОДНЫЙ ФЕСТИВАЛЬ "VOICES OF FRIENDS: POETRY & ART" В БУРАБАЕ

THE FIRST INTERNATIONAL FESTIVAL "VOICES OF FRIENDS: POETRY & ART" IN BURABAY

О ФЕСТИВАЛЕ

Анна Лари, Директор департамента Фестивалей и событий ECG

С 8 по 12 сентября в курортной зоне Боровое прошёл первый международный фестиваль поэзии и визуальных искусств "Voices of Friends: Poetry & Art ("Голоса Друзей"), организованный общественной организацией Евразийская Творческая Гильдия (Лондон) при поддержке британского журнала OCA Magazine, издательства Hertfordshire Press и отеля Rixos Borovoe.

Фестиваль "Voices of Friends: Poetry & Art" является частью популярного события "Евразийская Неделя Культуры" (Eurasian Creative Week, ECW), которое проводится Евразийской Творческой Гильдией в Лондоне с 2017 года. На фестивале собрались десятки творческих людей, экспертов и профессионалов своего дела из разных уголков мира, чтобы представить себя, свои работы и обменяться опытом.

Церемонию открытия фестиваля провел вице-председатель Гильдии Марат (Марк) Ахмеджанов, также с привествием гостей и участников фестиваля "Voices of Friends" выступили генеральный директор отеля Rixos Borovoe Йеспер Франкл и заместитель акима Акмолинской области Айна Мусралимова. На мероприятии присутствовали руководитель управления культуры Акмолинской области Сабитова Айгуль, главный специалист управления культуры Акмолинской Области Бейсембаева Дина, руководитель Музея Литературы и Искусства Нурбек Нуралин, представители местного управления Ахетова Алия, Попов Юрий, Быстрицкий Владимир и другие.

ABOUT THE FESTIVAL
by Anna Lari, ECG Festivals & Events Department Director

From 8 to 12 September the first international festival "Voices of Friends: Poetry & Art" was held in the resort area of Borovoe, organized by the public organization Eurasian Creative Guild (London) with the support of the British magazine OCA Magazine, publishing house Hertfordshire Press and hotel Rıxos Borovoe.

The Voices of Friends: Poetry & Art Festival is part of the popular Eurasian Creative Week (ECW) event, which has been hosted by the Eurasian Creative Guild in London since 2017. The festival brought together dozens of creative people, experts and professionals in their field from different parts of the world to present themselves, their work and exchange experiences.

The Opening Ceremony of the festival was held by the vice-chairman of the Guild Marat (Mark) Akhmedjanov, the general director of the Rixos Borovoe hotel Jesper Frankl and the deputy akim of Akmola region Aina Musralimova also welcomed the guests and participants of the Voices of Friends festival. The event was attended by the Head of the Department of Culture of the Akmola region Sabitova Aigul, the Chief specialist of the Department of Culture of the Akmola region Beisembayeva Dina, the Head of the Museum of Literature and Art Nurbek Nuralin, representatives of the local government Akhetova Aliya, Popov Yuri, Bystritsky Vladimir and others.

Вечером того же дня, состоялось открытие первой международной творчкской резиденции в Казахстане (г. Щучинск) - ECG Horizons. Это пространство для евразийских писателей, художников, музыкантов, кинематографистов и других творческих людей, желающих работать и развиваться вместе. Подробности на странице 58.

In the evening of the same day, the opening of the first international creative residency in Kazakhstan (Schuchinsk) - ECG Horizons took place. This is a space for Eurasian writers, artists, musicians, filmmakers and other creative people who want to work and develop together. Details on page 58.

В фестивале приняли участие творческие деятели из 12 стран мира как очно, так и онлайн

The festival was attended by artists from 12 countries of the world both in person and online

9 сентября прошла презентация корпоративного члена Гильдии - Литературного агентства из России "Крупный Шрифт". Представители агентства Кристина Бикташева и Иван Митряйкин презентовали работы авторов: Ольги Черниенко, Олега Штельмана, Григория Быстрицкого, Бориса Алексеева, Леона Смита, Ланы Ременцовой, Арины Лежиной, Сарии Маммадовой. Также представители поделились информацией о том, почему важно продвигать свое творчество и как правильно это делать, а после передали книги в библиотечный фонд творческой резиденции "ECG Horizons" и выразили своё желание сотрудничать с издательством Hertfordshire Press по изданию графического романа "Илиш и Плетеные Истории" на русском языке.

Помимо агентства свои презентации провели и другие члены Гильдии. Среди таковых писательница Марина Алясова, которая поделилась историей написания книги "Не ходите девки замуж". В своей книге Марина рассказывает о взаимоотношениях между людьми, об институте семьи, о мечтах и о проблемах с поиском себя. Далее выступил детский поэт и писатель из Беларуси, призер конкурса Open Eurasia - 2019 Михаил Куницкий, издавший недавно сказку для детей "Путешествие на четырех лапах" совместно с британским издательством Hertfordshire Press. В завершение о своей деятельности гостям рассказал начинающий автор Вадим Курамшин из Петропавловска, таюке он поделился своими планами касаемо публикации книги.

On September 9, the presentation of the corporate member of the Guild - the Literary Agency from Russia "Large Print" took place. Representatives of the agency Kristina Biktasheva and Ivan Mitryaykin presented the works of the authors: Olga Chernienko, Oleg Shtelman, Grigory Bystritsky, Boris Alekseev, Leon Smith, Lana Rementsova, Arina Lezhina, Saria Mammadova. The representatives also shared information about why it is important to promote your creativity and how to do it correctly, and then donated the books to the library fund of the creative residence "ECG Horizons" and expressed their desire to cooperate with the publishing house Hertfordshire Press on the publication of the graphic novel "Elish and the Wicker Stories" in Russian.

In addition to the agency, other members of the Guild also made presentations. Among those are the writer Marina Alyasova, who shared the story of writing the book "Do not marry girls". In her book, Marina talks about relationships between people, about the institution of the family, about dreams and problems with finding yourself. Then a children's poet and writer from Belarus, winner of the Open Eurasia - 2019 contest Mikhail Kunitsky, who recently

published a fairy tale for children "A Journey on Four Legs" in cooperation with the British publishing house Hertfordshire Press, made his presentation. In the end, the aspiring author Vadim Kuramshin from Petropavlovsk told the guests about his activities and shared his plans regarding the publication of the book.

10 сентября прошла презентация детской приключенческой книги Кристофа Шлессинга "The Wonderful Adventures Of Yuloph", за которой последовал литературный марафон заочных участников из Франции, Германии, России, Казахстана, Кыргызстана, Узбекистана, Крыма и Великобритании.

Программа была насыщенной не только в офлайн режиме, но и онлайн. При поддержке Экспертных советов ECG прошли Zoom конференции на тему "Эра блогеров - вызовы и перспективы", "Легко ли написать детектив?", "Мост поэтический меж берегами дружбы", "Как создавался самый первый альманах "Voices of Friends"?". Главным событием стала конференция, посвященная специальному выпуску журнала OCA Magazine - OCA PEOPLE, на тему "Голубые бриллианты Евразии. Кто создает современную классику?". Встречу модерировала герой OCA People - 2021, литературный агент из Казахстана, Бахтыгуль Маханбетова, при поддержке директора фестиваля Анны Лари.

Помимо презентаций и конференций, в рамках фестиваля были проведены мастер-классы от бизнес-тренера и коуча Елены Безруковой "Как донести миру свое творчество", от вице-председателя Гильдии Марата Ахмеджанова "Как издать свою книгу в Лондоне?" и от представителя творческого объединения "Арт-Бурабай" Юсуфа Крыкбесова по интуитивной живописи.

On September 10, a presentation of the children's adventure book by Christoph Schlessing "The Wonderful Adventures Of Yuloph" took place, followed by a literary marathon by correspondence participants from France, Germany, Russia, Kazakhstan, Kyrgyzstan, Uzbekistan, Crimea and Great Britain.

The program was intense not only offline, but also online. With the support of ECG Expert Councils, Zoom conferences were held on the topic "The era of bloggers - challenges and prospects", "Is it easy to write a detective story?" , "Poetic bridge between the shores of friendship", "How was the very first almanac" Voices of Friends "created?". The main event was the conference dedicated to the special issue of OCA Magazine - OCA PEOPLE, on the theme "Blue Diamonds of Eurasia. Who creates modern classics? ". The meeting was moderated by the hero of OCA People - 2021, a literary agent from Kazakhstan, Bakhtygul Makhanbetova, with the support of the director of the festival, Anna Larry.

In addition to presentations and conferences, the festival included master classes from business coach Elena Bezrukova "How to bring your creativity to the world", from the vice-chairman of the Guild Marat Akhmedjanov "How to publish your book in London?" and from the representative of the creative association "Art-Burabay" Yusuf Krykbesov on intuitive painting.

Киноблок фестиваля состоял из показов фильмов победителей и участников Евразийского кинофестиваля. Были представлены такие фильмы, как "Поп" - Владимира Хотиненко, "Дуэль" - Анастасии Баулиной, "Баулан Шолак" - Нургельды Садыгулова, "Никто" - Неврида.

11 сентября состоялась презентация музыкально-поэтического коллектива "Лира" и творческого объединения "Арт-Бурабай". В рамках презентаций гости Бурабайского района узнали очень много о талантливых и инициативных людях, которые здесь проживают. 12 сентября прошла экскурсия по национальному парку Бурабай под руководством издателя журнала "Богема" Павла Косовича при поддержке Елены Цыгвинцевой.

В течение всего фестиваля на базе отеля Rixos Borovoe проходила выставка картин таких художников, как: Юсуф Крыкбесов, Марлан Нысанбаев, Максат Кантарбаев, Елена Безрукова, Рина Ахметова, Лидия Дроздова, Диана Анпилогова, Евгения Серебрякова, Мария Лузина, Виктория Ускова, Елена Цыгвинцева, Нелли Филиппова, Милана Юсуфова, Рашит Миниханов.

The film block of the festival consisted of screenings of films from the winners and participants of the Eurasian Film Festival. Films such as "Pop" by Vladimir Khotinenko, "Duel" by Anastasia Baulina, "Baulan Sholak" by Nurgeldy Sadygulov and "No one" by Nevrida were presented.

On September 11, a presentation of the Lyra musical and poetry group and the Art-Burabay creative association took place. During presentations the guests of the Burabay region learned a lot about the talented and enterprising people who live there. On September 12, an excursion to the Burabay National Park took place under the guidance of Pavel Kosovich, publisher of the Bohemia magazine, with the support of Elena Tsygvintseva.

During the festival, there were exhibitions of paintings by such artists as: Yusuf Krykbesov, Marlan Nysanbaev, Maksat Kantarbaev, Elena Bezrukova, Rina Akhmetova, Lidia Drozdova, Diana Anpilogova, Evgenia Serebryakova, Maria Luzina, Victoria Uskova, Elena Tsygvintseva, Nelly Filippova, Milana Yusufova, Rashit Minikhanov.

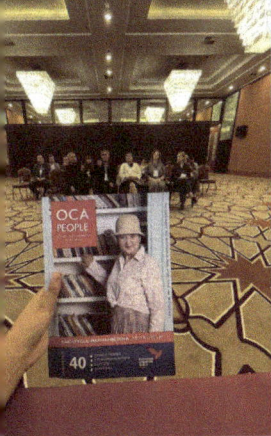

Основной интригующей частью фестиваля стало объявление исполнительным директором Гильдии Тайной Каунис и награждение победителей, финалистов конкурса поэзии и искусства "Voices of Friends - 2021".

Победители в категории "Поэзия":
1 место - Юлия Ольшевская-Хаценболлер (Германия)
2 место - Рашит Миниханов (Казахстан)
3 место - Олеся Зайцева (Россия)
Победители в категории "Визуальное искусство":
1 место - Эдуард Каменских (Казахстан)
2 место - Аруай Тасмаганбетова (Казахстан)
3 место - Гульнара Джолдошбекова (Кыргызстан)

Помимо основных сертификатов, были вручены сертификаты особого образца Виктории Левин (Израиль), Юсуфу Крыкбесову (Казахстан), Марии Андранюк (Казахстан), Михаилу Ананову (Грузия).

На официальной церемонии награждения присутствовали Хасенов Галым Кенжебекович - помощник акима района, Каримов Алексей Мансурович - пресс-секретарь акима района, Карсыбаева Дамеш Садвакасовна - руководитель отдела культуры и развития языков, и директор Высшего Технического Колледжа - Оразалин Шокан Жетписбаевич и другие представители местной власти.

Особенным моментом церемонии стало вручение Гран-при победителю III Евразийского кинофестиваля Таалайбеку Кулмендееву за художественный фильм "Мунабия" и официальная передача сертификатов премий им. Аркадии Безрукова, премии от Айи Максутовой - победителям 9 конкурса "Открытая Евразия - 2020"

Завершающим этапом церемонии стала речь Йеспера Франкла о дальнейшем сотрудничестве Rixos Borovoe с ECG (London) и анонсировании проведения второго фестиваля "Голоса друзей" с 6 по 10 мая 2022 года.

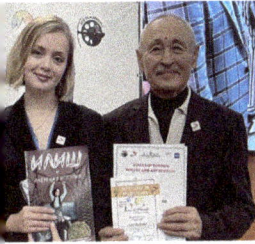

The main intriguing part of the festival was the announcement by the Executive Director of the Guild of Taina Kaunis and the Awarding Ceremony of the winners, finalists of the "Voices of Friends - 2021" poetry and art competition.

Poetry Category Winners:
1st place - Julia Olshevskaya-Hatzenboller (Germany)
2nd place - Rashit Minikhanov (Kazakhstan)
3rd place - Olesya Zaitseva (Russia)
Visual Arts Category Winners:
1st place - Eduard Kamenskikh (Kazakhstan)
2nd place - Aruay Tasmaganbetova (Kazakhstan)
3rd place - Gulnara Joldoshbekova (Kyrgyzstan)

In addition to the main certificates, special certificates were awarded to Victoria Levin (Israel), Yusuf Krykbesov (Kazakhstan), Maria Andranyuk (Kazakhstan), Mikhail Ananov (Georgia).

The official Award Ceremony was attended by Khasenov Galym Kenzhebekovich - assistant to the district akim, Karimov Aleksey Mansurovich - press secretary of the district akim, Karsybaeva Damesh Sadvakasovna - Head of the Department of Culture and Language development and Director of the Higher Technical College - Orazalin Shokan Zhetpisbaevich and other representatives of local authorities.

A special moment of the ceremony was the presentation of the Grand Prix to the winner of the III Eurasian Film Festival Taalaibek Kulmendeev for the feature film "Munabia" and the official transfer of certificates of the Arkady Bezrukov Prize, the prize from Aya Maksutova to the winners of the 9th Open Eurasia - 2020 competition

The final phase of the ceremony was a speech by Jesper Frankl about the further cooperation of Rixos Borovoe with ECG (London) and the announcement of the second "Voices of Friends" festival from 6th to 10th of May 2022.

ОФИЦИАЛЬНЫЕ УЧАСТНИКИ ФЕСТИВАЛЯ (ОЧНЫЕ И ОНЛАЙН)

Великобритания
Алдона Групас
Марк (Марат) Ахмеджанов

Казахстан
Акимжан Аманкелдиев
Акнур Нуртаза
Баршагуль Тлепина
Бахтыгуль Маханбетова
Елена Безрукова
Лариса Крыкбесова
Лидия Дроздова
Людмила Карпук
Марина Алясова
Максат Кантарбаев
Марина Шланко
Марлан Нысанбаев
Милана Юсуфова
Надежда Артемьева
Павел Косович
Раушан Айтикенова
Рина Ахметова
Эльвира Олещенко
Юсуф Крыкбесов

США/Украина
Диана Анпилогова

Россия
Анна Лари
Кристина Бикшатаева
Люция Камаева
Надежда Серебренникова
Наталья Коршун (Лоскутова)
Нелли Копейкина
Роза Ред
Тайна Каунис
Яна Гойло

Беларусь
Иван Митряйкин
Михаил Куницкий
Олег Куницкий

Грузия
Михаил Ананов

Узбекистан
Зулхумар Кенджаева
Хосият Рустамова

Германия
Адолина Гордон
Елена Ананьева
Юлия Ольшевская-Хаценбёллер

Израиль
Виктория Левин
Ирина Сапир
Марина Старчевская (Ройтман)

Крым
Оксана Жукова

Франция
Кети Кайрос

Кыргызстан
Азимбек Акматов
Бубуйра Бектенова
Елена Бослер-Гусева
Наргиса Карасартова
Перисат Абдалиева
Сабина Абдыбачаева
Таалайбек Кулмендеев

OFFICIAL FESTIVAL PARTICIPANTS (IN PERSON AND ONLINE)

United Kingdom
Aldona Grupas
Mark (Marat) Akhmedjanov

Kazakhstan
Akimzhan Amankeldiyev
Aknur Nurtaza
Barshagul Tlepina
Bakhtygul Makhanbetova
Elena Bezrukova
Larisa Krykbessova
Lydia Drozdova
Lyudmila Karpuk
Marina Alyasova
Maksat Kantarbayev
Marian Nysanbaev
Milan Yussufova
Nadezhda Artemyeva
Pavel Kosovich
Raushan Aitikenova
Rina Akhmetova
Elvira Oleshchenko
Yussuf Krykbessov

USA/Ukraine
Diana Anpilogova

Russia
Anna Lari
Kristina Bikshataeva
Lucia Kamaeva
Hope Silver
Natalya Korshun (Loskutova)
Nelly Kopeykina
Rosa Red
Taina Kaunis
Yana Goylo

Belarus
Ivan Mitryaikin
Mikhail Kunitsky
Oleg Kunitsky

Georgia
Michael Ananov

Uzbekistan
Zulkhumar Kendzhaeva
Hosiyat Rustamova

Germany
Adolina Gordon
Elena Ananyeva
Julia Olshevskaya-Hatzenböller

Israel
Victoria Levin
Irina Sapir
Marina Starchevskaya (Roitman)

Crimea
Oksana Zhukova

France
Kathie Kayros

Kyrgyzstan
Azimbek Akmatov
Bubuira Bektenova
Elena Bosler-Guseva
Nargisa Karasartova
Perisat Abdaliyeva
Sabina Abdybachaeva
Taalaibek Kulmendeev

ОЗЁРНЫЙ КРАЙ БУРАБАЯ.
ПО СЛЕДАМ ВЕЛИКОГО ТЮМЕНСКОГО
МОРЯ.

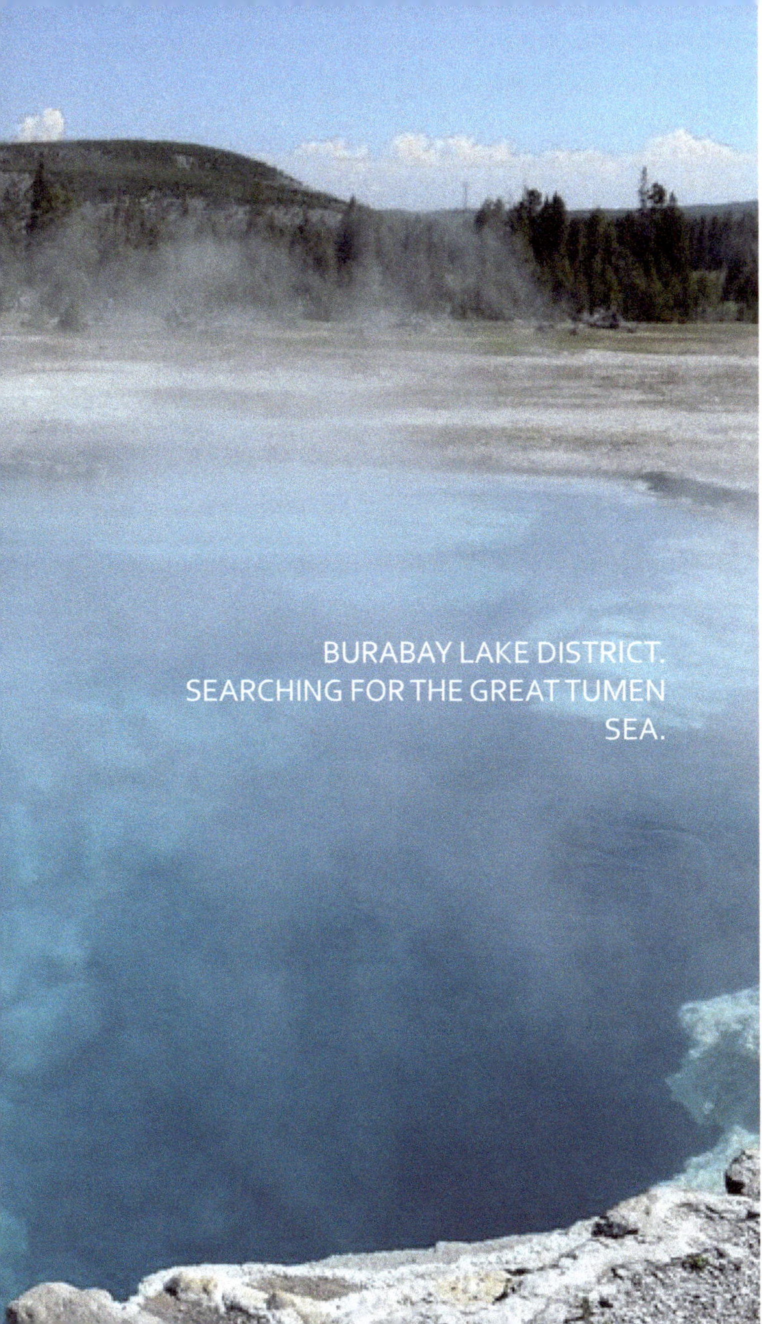

BURABAY LAKE DISTRICT. SEARCHING FOR THE GREAT TUMEN SEA.

ОЗЁРНЫЙ КРАЙ БУРАБАЯ.
ПО СЛЕДАМ ВЕЛИКОГО ТЮМЕНСКОГО МОРЯ.

Не зря в народе говорят: «Всё познаётся в сравнении». До 2014 года Тюменскую область посетило 1,5 млн человек, а сейчас - 3.26 млн человек. Ежегодно турпоток увеличивался на 20%. А по иностранному туризму за последние два года поток вырос на 40%. Несмотря на пандемию, туризм в Тюменской области восстановился довольно быстро. Здорово, что геологи открыли подземное термальное море!

Удачно случившаяся пандемия дала время учёным на раздумье и выяснение причин появления термы. Обычно, они бывают в горных породах (как Кавминводы) и в вулканических (как на Камчатке). На равнине возникновение термальных источников- это феномен! Как и весь необычный ландшафт Бурабайских скал, без горной гряды существующих посреди степи. В результате исследования архивных данных геологи выяснили, что десятки миллионов лет назад на территории Тюменской области- между Сургутом, Омском и Тюменью находилось море, в котором плавали 9-метровые акулы и огромные динозавры! Возможно, это и есть то самое мифическое (или вполне реальное) Тюменское море, остатками которого местные мечтатели называют многочисленные озёра заповедной территории.

В Кыштырлинском карьере в 40 км. от Тюмени до сих пор археологи находят зубы акул и панцири доисторических крабов. Из-за тектонических сдвигов море оказалось замкнутым со всех сторон, и только благодаря нефтяникам, которые начали в поисках нефти буровые работы, было обнаружено данное море, которое могли не найти.

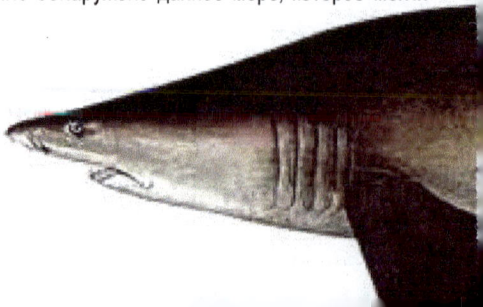

BURABAY LAKE DISTRICT.
SEARCHING FOR THE GREAT TUMEN SEA.

That's how they say: "Everything is learned in comparison." Until 2014, 1.50 million people visited the Tyumen region, and now - 3.26 million people. Every year, tourist flow increased by 20%. And for foreign tourism over the past two years, the flow has grown by 40%. Despite the pandemic, tourism in the Tyumen region recovered quite quickly. It's great that geologists discovered the underground thermal sea!

A successful pandemic gave scientists time to think about and find out the reasons for the appearance of the term. Usually, they are in rocks (like Kavminvody) and in volcanic (like in Kamchatka). On the plain, the emergence of thermal springs is a phenomenon! Like the entire unusual landscape of the Burabai rocks, without a mountain ridge existing in the middle of the steppe. As a result of the study of archival data, geologists found that tens of millions of years ago in the Tyumen region - between Surgut, Omsk and Tyumen there was a sea in which 9-meter sharks and huge dinosaurs swam! Perhaps this is the very mythical (or quite real) Tyumen Sea, the remains of which local dreamers call numerous lakes of the protected area.

In the Kyshtyrlinsky career of 40 km. from Tyumen, archaeologists still find the teeth of sharks and shells of prehistoric crabs. Due to tectonic shifts, the sea was closed on all sides and only, thanks to the oilmen who began drilling work in search of oil, a given sea was discovered that could not be found.

Во время бурения вместо нефти пошла зеленая термальная вода. Затем были проведены более глубокие буровые работы, в результате которых нашли воду, температура которой доходила до 125*C, так как каждые 33 м. глубины скважины температура повышается на 1*C. Линза от 800 м. до 1,5 км. в глубину находится под всем югом Тюменской области. С каждой глубиной поднимают воду разной температуры от 35*C до 48*C. Доступны все четыре режима бальнеологии: питьевой режим, орошение, купание в термальной минеральной воде и грязелечение.

С научной точки зрения этот регион возник 5 млн лет назад в результате горообразований, которые проходили в три этапа. Когда-то вся территория поселка была покрыта бескрайним морем, но в какой-то момент на дне моря начались образовываться горы. И происходило это трижды, прежде чем появилась вся данная природа: в позднеюрском периоде, позднемеловом и четвертичном. В результате этих горообразований море мелело и, в итоге, совсем высохло, оставив на поверхности лишь малые воды в виде озер. А бурабайские скалы и камни приняли свои причудливые формы в ледниковую эру, когда ветер и лед с кропотливой точностью скульптора медленно, но верно делали свою работу – обтачивали камни, придавая им этот живописный вид.

Карима Канитаева,
Академический доцент,
старший преподаватель Кокшетауского университета
им. Ш. Уалиханова

During drilling, green thermal water went instead of oil. Then deeper drilling operations were carried out, as a result of which water was found, the temperature of which reached +125*C, because every 33 meters well depth temperature is increased by 1*C. Lens from 800 meters up to 1.5 kilometers in depth is located under the entire south of the Tyumen region. With each depth, water of different temperatures is raised from 35*C to 48*C. All four balneology modes are available: drinking mode, irrigation, bathing in thermal mineral water and mud treatment.

From a scientific point of view, this region arose 5 million years ago as a result of urban formations, which took place in three stages. Once the entire territory of the village was covered with an endless sea, but at some point mountains began to form at the bottom of the sea. And this happened three times before all this nature appeared: in the Late Jurassic period, Late Cretaceous and Quaternary. As a result of these mountain formations, the sea melted and, as a result, completely dried up, leaving only small waters on the surface in the form of lakes. And the Burabai rocks and stones took their bizarre forms in the ice age, when the wind and ice with the painstaking accuracy of the sculptor slowly but surely did their work - they wrapped the stones, giving them this picturesque appearance.

Kanitaeva Karima,
Academic associate professor,
senior lecturer at Kokshetau University
named after S. Ualikhanov

ПЕЩЕРА КЕНЕСАРЫ ХАНА

Такой замечательный край как Бурабай всегда притягивал к себе талантливых и выдающихся личностей. Подобные люди появлялись как среди местных уроженцев, так и прибывших сюда из других мест. Это были представители мира искусства, ученые, политики, философы, военачальники... Некоторые имена незаслуженно позабыты, о других память до сих пор бережно хранится в народе.

KENESARY KHAN'S CAVE

Such a wonderful land as Burabay has always attracted talented and outstanding personalities. Such people appeared from both among local natives and those who arrived here from other places. They were representatives of the art world, scientists, politicians, philosophers, military leaders ... Some names are undeservedly forgotten, the memory of others are still cherished by the people.

Одной из таких личностей является султан Кенесары Касымов (1802-1847). Полководец, герой и руководитель национально-освободительного движения в 1837-1847 годах против Российской империи и Кокандского ханства. В 1841 году представители всех трех жузов избрали султана Кенесары общей казахским ханом. Встав во главе ханства, Кенесары показал себя дальновидным государственным деятелем, организатором и талантливым полководцем. Военную одаренность хана признавали даже его противники.

Известный ученый П.П. Семенов-Тян-Шанский назвал его «Митридатом казахских степей». Хан Кенесары бывал также и в Бурабае. Здесь в XVIII веке на протяжении полувека располагалась ставка его деда знаменитого Аблай-хана (каз. Абылай). Конец 30-х и начало 40-х годов XIX века отмечен неоднократными наездами хана Кенесары в район Бурабая-Борового.

На южном берегу озера Боровое в гранитной сопке находится довольно обширный грот, носящий название пещеры Кенесары. Эта пещера в высоту равна почти 40 метров, в длину около 9 метров и шириной 6 метров. Вход в нее несколько ниже среднего роста человека, но в глубине можно спокойно выпрямиться. В отдаленной части грота находятся два природных отверстия – нижнее, заменяющее окно, и верхнее, служившее трубой для отвода дыма. Из воспоминаний местных жителей, записанных исследователями того времени, следует, что народный герой располагался в этой пещере, используя ее как бивак во время охоты на медведей.

Павел Косович

One of such personalities is Sultan Kenesary Kasymov (1802-1847). Commander, hero and leader of the national liberation movement from 1837-1847 against the Russian Empire and the Kokand Khanate. In 1841, representatives of all three zhuzes elected Sultan Kenesary as a common Kazakh khan. Having risen at the head of the khanate, Kenesary showed himself to be a far-sighted statesman, organizer and talented commander. The khan's military talent was recognized even by his opponents.

The famous scientist P.P. Semenov-Tyan-Shansky called him "Mithridate of Kazakh steppes ". Khan Kenesary also visited Burabai. Here in the 1700's for half a century his grandfather, the famous Ablai Khan (Kaz. Abylai), had his headquarters here. The end of the 1830s and the beginning of the 1840s were marked by repeated visits of Khan Kenesary to the Burabay-Borovoy area.

On the southern shore of Lake Borovoe, in a granite hill, there is a rather extensive grotto called Kenesary Cave. This cave is almost 40 meters high, about 9 meters long and 6 meters wide. The entrance to the cave is slightly lower than the average height of a person, but in the depths you can calmly straighten up. In the distant part of the grotto there are two natural openings - the lower one, which replaces the window, and the upper one, which serves as a pipe for exhausting smoke. From the memoirs of local residents, recorded by researchers of that time, it follows that the folk hero was located in this cave, using it as a bivouac while hunting bears.

Pavel Kosovich

КАРМА ХУДОЖНИКА: ЖИЗНЬ КАК ИНТУИТИВНЫЙ ЖЕСТ

KARMA OF THE ARTIST: LIFE AS AN INTUITIVE GESTURE

ИНТЕРВЬЮ С ЮСУФОМ КРЫКБЕСОВЫМ, ЩУЧИНСК (БУРАБАЙ)

BURABAY 4 Seasons (B4S): Юсуф Жагипарович, Вы великолепный художник, Ваши произведения вдохновляют. Скажите, пожалуйста, чем или же кем Вы чаще всего вдохновляетесь?

Юсуф Крыкбесов (ЮК): Очень интересный вопрос. Вы спрашиваете о вдохновляющем факторе моего творчества. Действительно, без вдохновения нет истинного творчества. Как известно из древних писаний и современной философии, вдохновение - это посыл Высших сил. То, что называют вдохновением в традиционном смысле таковым не является. Истинное вдохновение связано с таким понятием как внутренний свет Души, источником которого является Истинное "Я". Но это философия. Поэтому, я всегда утверждаю, что современный художник, в широком смысле этого слова, прежде всего мыслитель. Он тонко ощущает будущее. Но для того, чтобы чувствовать признаки будущего надо укорениться в настоящем моменте.

Приведу пример из Пуран. Однажды, Господь Кришна решил проверить великого мудреца Вьясу на способность концентрации внимания на том, чем он занимается в настоящий момент времени. Это происходило во время обеда для мудреца Вьясы и Ганеши, сына Махадева. Вдруг, во время приема пищи раздались невыносимо громкие барабанные звуки. Это отвлекло внимание Вьясы, но нисколько не отвлекло внимание Ганеша, который с полным сосредоточением вкушал божественную пищу. Господь Кришна сказал мудрецу Вьясе, что умению быть в настоящем моменте нужно учиться у Ганеши. Так и в творчестве, если нет полного растворения в настоящем моменте, то это нельзя считать истинным творчеством-вдохновением. Истинное вдохновение приходит из глубин наших сердец. Обычно считают, что вдохновение даёт любовь к женщине, но, к сожалению, человеческая страсть скоротечна.

INTERVIEW WITH YUSSUF KRYKBESSOV, SHCHUCHINCSK (BURABAY)

BURABAY 4 Seasons (B4S): Mr. Krykbessov, you are a great artist, your works inspire people around. Please share with us what or who are you most often inspired by?

Yussuf Krykbessov (YK): A very interesting question. You are asking about the inspirational factor in my work. Indeed, without inspiration, there is no true creativity. As is known from ancient scriptures and modern philosophy, inspiration is the message of the Higher Forces. What is called inspiration in the traditional sense is not. True inspiration is associated with such a concept as the inner light of the Soul, the source of which is the True Self. But this is philosophy. Therefore, I always affirm that a contemporary artist, in the broadest sense of the word, is primarily a thinker. He subtly senses the future. But in order to feel the signs of the future, you need to be rooted in the present moment.

Let me give you an example from the Puranas. One day, Lord Krishna decided to test the great sage Vyasa for the ability to concentrate on what he was doing at the moment. This happened during a dinner for the sage Vyasa and Ganesha, the son of Mahadev. Suddenly, during the meal, unbearably loud drum sounds were heard. This distracted Vyasa's attention, but did not in the least distract the attention of Ganesh, who was eating the divine food with full concentration. Lord Krishna told sage Vyasa that the ability to be in the present moment should be learned from Ganesha. So in creativity, if there is no complete dissolution in the present moment, then this cannot be considered true creativity-inspiration. True inspiration comes from the depths of our hearts. It is usually believed that inspiration comes from love for a woman, but, unfortunately, human passion is fleeting.

Поэтому, многие художники искали всё новых и новых объектов вдохновения, хотя неиссякаемым источником вдохновения является сознание, как искра Сверхсознания или Абсолютной Истины. Так говорят Веды и современная психология. А отсюда второй вывод: без духовных практик невозможно проникнуть в глубины своего бессознательного. Мне кажется я попытался ответить на этот вопрос с позиции неофита бхакти-йоги.

B4S: Вы также являетесь амбассадором Евразийской Творческой Гильдии в городе Щучинск, и как амбассадор Вы прекрасно проделали работу помогая фестивалю "Voices of Friends: Poetry & Art". Связи с этим вопрос, какие у Вас дальнейшие планы в продвижении творчества Бурабайского района.

ЮК: Являясь амбассадором Гильдии, мне приходится вникать в суть политики Гильдии в этом важном вопросе. Считаю, что современная коммуникативная культура основана на преобладании вербальной составляющей над практической. И это самая важная проблема воздействия на умы людей и на их культурно-эстетическое воспитание. Как известно, словами воспитывать невозможно. Сегодня мы тонем в словесно-информационном потоке. Словам никто не верит. Все хотят практических подтверждений. Поэтому, истинное воспитание возможно только на личном примере. Чем отличается руководитель от лидера? Лидер - это тот у кого есть последователи. Притом, это не связано с материальными мотивами. Последователей вдохновляют дела лидера и искренняя озабоченность успехами своих последователей. Дальнейшее продвижение творчества молодых людей Бурабая неразрывно связано с деятельностью Гильдии. Я уже говорил в одном из интервью, что разумные традиции сделают в тысячу раз больше, чем слова и одноразовые акции. Нужна система. И это прекрасно осознают наши лидеры: Марат Исмаилович и Тайна Каунис, Елена Безрукова, Марлан Нысанбаев и другие лидеры Гильдии. Если фестиваль «Голоса друзей» станет традиционным фестивалем творчество, то это и будет тем, мотиватором к продвижению своего творчества.

Therefore, many artists were looking for more and more new objects of inspiration, although an inexhaustible source of inspiration is consciousness, as a spark of Superconsciousness or the Absolute Truth. This is what the Vedas and modern psychology say. And hence the second conclusion: without spiritual practices it is impossible to penetrate into the depths of your unconscious. I think I tried to answer this question from the perspective of a neophyte of bhakti yoga.

B4S: You are also the Ambassador of the Eurasian Creative Guild in Schuchinsk, and as an Ambassador you have done an excellent job helping the festival "Voices of Friends: Poetry & Art". In connection with this, the question is, what are your future plans in promoting the creativity of the Burabay region.

YK: As a Guild Ambassador, I have to delve into the essence of the Guild's policy on this important issue. I believe that modern communication culture is based on the prevalence of the verbal component over the practical one. And this is the most important problem of influencing the minds of people and their cultural and aesthetic education. As you know, it is impossible to educate with words. Today we are drowning in the flow of words and information. Nobody believes in words. Everyone wants practical proof. Therefore, true education is possible only through personal examples. What is the difference between a manager and a leader? A leader is someone who has followers. Moreover, this is not related to material motives. Followers are inspired by the deeds of the leader and a genuine concern for the success of their followers. Further promotion of the creativity of the young people of Burabay is inextricably linked with the activities of the Guild. I have already said in one of my interviews that reasonable traditions will do a thousand times more than words and one-time actions. We need a system. And our leaders are well aware of this: Marat Ismailovich and Taina Kaunis, Elena Bezrukova, Marlan Nysanbaev and other leaders of the Guild. If the festival "Voices of Friends" becomes a traditional festival of creativity, then this will be the motivator to promote your creativity.

Тайна Каунис и Елена Безрукова обучают нас этому. Наши дальнейшие планы - это планы Гильдии.

B4S: У вас есть очень много учеников, которые благодаря Вам растут, развиваются как художники. Что бы Вы посоветовали бы не делать начинающим художникам?

ЮК: Чтобы я посоветовал не делать начинающим художникам. Во-первых, я бы посоветовал забыть то, чему их обучали в наших учебных заведениях. К сожалению, там обучают прошлому. Второе, тем, кто искренне желает стать современным художником надо научиться уважать и ценить современность. Все, что дает нам современность предопределено временем. От него никуда не убежишь. Либо ты в контексте времени, либо ты отстал. Такова суровая реальность. Но это нисколько не означает, что надо забыть прошлое. Настоящее основано на прошлом. Историю искусства надо изучать в контексте новой парадигмы культуры. Надо много слушать и читать современных западных мыслителей (философов, искусствоведов). Не надо замыкаться в себе. Надо учиться у других ярких личностей. Их очень много. Не надо думать, что вы откроете принципиально новое в искусстве. Все давно уже открыто. Но мир ждёт открытий индивидуальной уникальности. Надо найти учителя, настоящего гуру и следовать его наставлениям, не теряя при этом свою личность. Это очень сложная тема и требует цикла статей и бесед. Но лучше показывать это на практике. И это я связываю с деятельностью Арт-резиденции в Боровом-Щучинске, где можно проводить мастер-классы ведущих лидеров современного искусства.

Taina Kaunis and Elena Bezrukova teach us this. Our future plans are the plans of the Guild.

B4S: You have a lot of students who, thanks to you, grow and develop as artists. What would you advise not to do to novice artists?

YK: What would I advise not to do to novice artists? First, I would advise you to forget what they were taught in our educational institutions. Unfortunately, they teach the past. Second, those who sincerely wish to become a contemporary artist must learn to respect and value modernity. Everything that modernity gives us is predetermined by time. You can't run away from him. Either you are in the context of time, or you are behind. This is the harsh reality. But this in no way means that one should forget the past. The present is based on the past. The history of art must be studied in the context of the new cultural paradigm. It is necessary to listen and read a lot of modern Western thinkers (philosophers, art critics). You don't have to shut yourself up. We must learn from other outstanding personalities. There are a lot of them. Do not think that you will discover fundamentally new things in art. Everything has been open for a long time. But the world is waiting for the discovery of individual uniqueness. One must find a teacher, a real guru, and follow his instructions, without losing one's personality. This is a very complex topic and requires a cycle of articles and conversations. But it's better to show it in practice. And I associate this with the activities of the Art Residence in Borovoy-Schuchinsk, where master classes by leading leaders of contemporary art can be held.

• ЕВРАЗИЙСКИЙ КИНОФЕСТИВАЛЬ •

22-30 МАЯ
ЛОНДОН 2022

СЦЕНАРИЙ НА АНГЛИЙСКОМ ЯЗЫКЕ

АНИМАЦИОННЫЙ ФИЛЬМ

ХУДОЖЕСТВЕННЫЙ ФИЛЬМ

МУЗЫКАЛЬНОЕ ВИДЕО

ДОКУМЕНТАЛЬНЫЙ ФИЛЬМ

КОРОТКИЙ МЕТР

МОБИЛЬНОЕ ВИДЕО

БУК-ТРЕЙЛЕР

СЦЕНАРИЙ НА РУССКОМ ЯЗЫКЕ

ECG FILM FEST

КОНТАКТЫ:
INFO@EURASIANFILMFESTIVAL.UK
WHATSAPP +44911978955

ESTABLISHED 2015

EURASIAN
CREATIVE
GUILD
LONDON

ДОБРО ПОЖАЛОВАТЬ В ТВОРЧЕСКУЮ РЕЗИДЕНЦИЮ ECG HORIZONS

WELCOME TO THE ECG HORIZONS CREATIVE RESIDENCY

ДОБРО ПОЖАЛОВАТЬ В ПЕРВУЮ ТВОРЧЕСКУЮ РЕЗИДЕНЦИЮ!

- Культура - это то, что люди ПРАКТИКУЮТ,
а НЕ то, во что они верят. -
И. А. Рейман

Евразийская Творческая Гильдия (Лондон) запускает свою собственную творческую резиденцию "ECG Horizons" в курортной зоне Боровое в Казахстане.

Для кого эта резиденция?

ECG Horizons - уникальное пространство для писателей, художников, музыкантов, кинематографистов и других творческих людей. Оно включает в себя шоу-рум и зону коворкинга, библиотеку, музыкальный уголок и художественную галерею. Так что каждый, кто хочет поделиться своими работами с коллегами и аудиторией может использовать это пространство, как площадку.

WELCOME TO THE FIRST CREATIVE RESIDENCY!

- Culture is what people PRACTICE,
NOT what they believe. -
I. A. Rehman

The Eurasian Creative Guild (London) launches its own creative residence "ECG Horizons" in the Borovoe resort area in Kazakhstan.

Who's this residence for?

ECG Horizons is a unique space for writers, artists, musicians, filmmakers and other creative people. It includes a showroom and a coworking area, a library, a music corner and an art gallery. So anyone who wants to share their work with colleagues and audiences can use this space as a platform.

Прошлое

В городе Щучинск (Бурабайский район, Казахстан) стоял дом возле озерца Бармашино прямо на опушке леса. Прекрасное место в озерном краю, родившееся из идеи исцелять людей благодаря воде, воздуху, кумысу и прочим вещам. Много лет он был просто частным жилым домом, пока...

Наша главная идея - создать идеальное пространство для художественных и культурных экспериментов с глубокой перекрестной интеграцией всех областей искусства

Настоящее

ECG (London) создает уникальное пространство для писателей, художников, музыкантов, кинематографистов и всех творческих. Оно включает шоурум и зону коворкинга, библиотеку, музыкальный уголок и арт-галерею. Каждый, кто хочет поделиться своими работами с коллегами и аудиторией может использовать это пространство, как площадку.

Генеральный партнер - пятизвездочный отель Rixos Borovoe, один из наиболее выдающихся и востребованных отелей Казахстана, где отдыхают даже президенты. Участники наших мероприятий получают шанс посетить это восхитительное место и насладиться им.

Туристы и путешественники откроют для себя потрясающие виды благодаря лесам, горам, озерам и рекам. Что может вдохновлять больше, чем природа? Только культурное наследие региона. Музеи, театры и художественные галереи Нур-Султана и Кокшетау к услугам любого, кто ищет Музу. Культурные и исторические памятники рассказывают длинную и красочную историю Бурабайского района и Казахстана.

Before

It was a house in the city of Shchuchinsk (Burabay district, Kazakhstan) near the Barmashino lake right by the woods. A beautiful place in a lake district came from the idea of healing people with the water, air, kumys and other things. For many years it was just a private house to live in until...

Our main idea is to create a perfect space for artistic and cultural experimentation with deep cross integration of all fields of art

Now

The ECG (London) is creating a unique space for writers, artists, musicians, filmmakers and other creative people. It includes a showroom and coworking zone, library, music corner and indoor art gallery. So anyone who wants to share his works with colleagues and the audience can use this space as a venue.

The general partner of it is the five-stars hotel Rixos Borovoe, which is one of the most impressive and popular hotels in Kazakhstan where even presidents take a rest. So participants of our events have a chance to visit this beautiful place and enjoy it.

Tourists and travellers can discover breathtaking views around Shchuchinsk in mountains, woods, lakes and rivers. What can inspire more than nature? Only amazing cultural heritage of the region. Nur-Sultan and Kokshetau museums, theaters and art galleries on the service of anyone who is looking for the Muse. Numbers of cultural and historical memorials dedicated to Central Asian famous kings and philosophers tells a long and colorful history of the Burabay district and Kazakhstan.

Будущее

Конечно, это только первый шаг к чему-то большему. The ECG (London) планирует дать творческим людям больше возможностей в плане деятельности как внутри дома, так и на территории. На территории резиденции будет построена художественная студия как площадка для создания картин, скульптур и инсталляций, а также произведений ремесленников. Чтобы выставлять эти произведения ECG (London) мечтает построить лофт-галерею не территории резиденции. Нужно больше возможностей для скульпторов? Вот они. Задний двор резиденции будет превращен в Парк Скульптур.

Также на территории будет сцена для концертов. Это позволит привезти в Щучинск театры, музыкантов и танцоров и создать впечатляющее творческое пространство. Все объекты будут доступны не только для членов Гильдии, но и для творческого сообщества Бурабая.

В настоящее время ECG (London) открыта для партнерства и поддержки, чтобы реализовать этот грандиозный проект.

In a future

Of course it's only the first step to something bigger. The ECG (London) plans to get more opportunities for creative people such as indoor and outdoor activities. On the residence territory an art studio will be constructed as a venue for creating paintings, sculptures and installations as well as masterpieces of arts and crafts. To exhibit all this creative stuff the ECG (London) is dreaming about building the Loft Art Gallery on a territory of thy residence. Need more opportunities for sculptors? So here it is. The residence backyard will be transformed into the Park of Sculptures.

It will also be the stage on a territory to make a show. It will make it possible to bring theaters, musicians and dancers to Shchuchinsk and create an impressive artistic space. All objects will be available not only for the ECG members but also for the creative community of Burabay.

In a current time the ECG (London) is open for partnership and support to bring this outstanding project to life.

Koshpendiler Transposed

Kayrat ЗАКИРЬЯНОВ

Манкен ЖҰМАБАЙ

THE RAILWAY — Hamid Ismailov

A Poet and Bin-Laden

UZBEKISTAN

COMIC PR

CANCER SUPPORT

ТОП-5 причин попробовать:

1. Уникальная национальная культура и экзотический колорит
Народная музыка, традиционные узоры, вековые традиции, шаманы, казаки, крымские бани и многое другое приносит вдохновение и открывает новые горизонты, погружая в аутентичный мир, полный магии и загадок.

2. Великолепная природа
Творческая резиденция расположен в живописной курортной зоне Казахстана, в Боровом/Щучинск. Природа всегда была и остается главным вдохновителем творческих людей, именно поэтому мы выбрали Боровое. Туристы и путешественники смогут открыть для себя потрясающие виды в окрестностях Щучинска благодаря лесам, горам, озерам и рекам.

3. Историческое наследие
Бесчисленные культурные и исторические памятники, посвященные знаменитым правителям и философам Центральной Азии, рассказывают длинную и красочную историю Бурабайского района и Казахстана.

4. Творческое сообщество
Вы не останетесь без поддержки местных поэтов, писателей, музыкантов и художников. Члены ECG (London) в регионе обязательно поддержат вас и смогут поделится как полезным опытом, так и лайфхаками творческой жизни (например, где лучше всего покупать краски).

5. Целебные свойства
Воздух соснового бора, прогулочные тропы, озера и лечебные пансионаты помогут не только обрести вдохновение, но и поднять жизненный тонус для новых свершений!

TOP-5 reasons to try:

1. Unique national culture and exotic
Folk music, traditional patterns, centuries-old traditions, shamans, Cossacks, Crimean baths and other things bring inspiration and open new horizons, immersing in an authentic world full of magic and mysteries.

2. Magnificent nature
The creative residence is located in the picturesque resort zone of Kazakhstan, in Borovoe/Shchuchinsk. Nature has always been (and still it is) the main inspiration for creative people, so that's why we chose Borovoe. Tourists and travelers will be able to discover stunning views in the vicinity of Shchuchinsk thanks to forests, mountains, lakes and rivers.

3. Historical heritage
Countless cultural and historical monuments dedicated to the famous rulers and philosophers of Central Asia tell the long and colorful history of the Burabay region and Kazakhstan.

4. Creative Community
You will not be left without the support of local poets, writers, musicians and artists. Local Members of the ECG (London) will definitely support you and will be able to share both useful experiences and life hacks of creative life (for example, where it is best paints to buy).

5. Healing properties
Pine forest air, health walks, lakes and medical boarding houses will help you not only gain inspiration, but also raise the tone of life for new achievements!

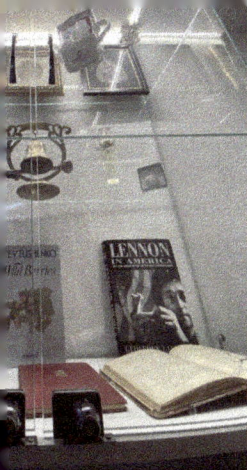

Как попасть в резиденцию?

Отбор кандидатов, которые получат возможность работать* на базе резиденции и представлять свои работы экспертам и потенциальным инвесторам, будет проводиться два раза в год - в середине мая для членов ECG (London) и в сентябре для других представителей креативных индустрий (open call).

*Мы не оплачиваем трансфер и проживание, в резиденции предоставляются только рабочие площадки.

- Максимальный размер групп составит до 10 человек.
- Для участников из стран СНГ и Центральной Азии срок пребывания - 21-45 дней, для участников из других стран - 10-30 дней.
- Программы наборов будут опубликованы отдельно.

Для того, чтобы попасть в число счастливчиков, вам нужно написать на e-mail ecgresidence@gorizonti.com письмо-заявку в свободной форме. В ней обязательно напишите, в какой сфере или сферах искусства вы работаете, и почему мы должны выбрать именно вас.

How to get to the residence?

The selection of candidates who will be able to work* in residency and introduce their work to experts and potential investors will be held twice a year - in mid-May for the ECG (London) members and in September for other representatives of the creative industries (open call).

* We do not pay for transfers and accommodation, only work areas are provided in the residency.

- The maximum size of groups will be up to 10 people.
- The working period is 21-45 days for participants from CIS and Central Asia, and 10-30 days for participants from other countries.
- Kit programs will be published separately.

To join the group of the lucky ones, you need to email us via ecgresidence@gorizonti.com. In the letter you need to send us brief info about what your field of activities is, and why we should choose you.

По всем вопросом можно связаться с генеральным мереджером ECG HORIZONS Тайной Каунис

For all questions, you can contact the ECG HORIZONS Geneal Manager Taina Kaunis

WhatsApp +44 7926 221564
t-kaunis@ocamagazine.com

Voices of

Friends

etry and Art

НЕ ДУМАЙ О ЗАВТРА

Не думай о завтра,
Сегодня тот день,
Когда изменится всё...
И ты без потерь
Пойдёшь тем путём,
Что любит душа,
И не узнаешь
Горьких потерь,
Что уготовлены
Жесткой рукой
Судьбы твоей явной.

Ты только поверь,
Что капля любви
Даже слабого сердца
Меняет всё,
Что только возможно:
Исправит больное –
На чудо здоровья,
Любую беду –
На сказки из книжки,
А Жесткость руки
Изменчивой кармы –
На дуновение счастливой судьбы.

Наталья Коршун, Россия
участник фестиваля Voices of Friends:
Poetry &Art

SEIZE THE DAY

Seize the day,
Today is the day
When everything is different...
You'll safely go the way
That your soul loves,
And you won't know
Bitter losses
That a hard hand of clear fate
Has in store for you.

Just believe in
Love-drop of a faint heart
That changes every angle of a book:
It remedies the sick person,
achieving a miracle of health,
It wards off bad luck,
Telling fairy tales,
It turns a stiffness touch of
Changeable fate around,
Breathing good fortune.

Natalia Korshun, Russia
Participant of Voices of Friends: Poetry & Art
Festival

ПОЕДЕМ В РОДНОЙ АЙЫЛ

Так долго времени моя душа
И сердце жаждали поехать в мой айыл.
Встревожена тоской и всё спеша
Готовлюсь; день настал и час,
Пора мне в отчий дом, в мою опору - тыл.
Родные, ну поехали в айыл,
Свою печаль и ностальгию победим
Мы родственникам весточку дадим,
С утра пораньше в путь – деревню посетим.
Своих сестёр я быстро соберу,
Сестрёнка не нарадуется – мы домой!
Летим, железный конь наш пущенной стрелой,
Как скаковая лошадь на ветру!
Прочтём родителям усопшим мы Коран,
Соседей мы расспросим в этот раз
О том, как жили наши предки, хоть роман
Пиши, свидетелей ведь – много глаз.
Мы вспомним нашу шалость, детские года,
Обсудим быт, проблемы…, будем говорить,
Что связь айыла с городом нам никогда
Не разорвать, покуда есть меж ними нить.
Вселенная мне не забудет повторить -
Сельчанин благородный человек;
Вселенная напомнит, здесь он мой исток
И старт к большой дороге – в свою жизнь, в свой век!
Рука об руку с тобою идём, айыл,
Ты мягко, как родитель говоришь: «Приди!»
Потомки…, предки, кровь одна – и весь мой пыл
Не удержать в взволнованной груди!

Бубуйра Бектенова, Кыргызстан
Перевод с кыргызского Наргисы Карасартовой
участники фестиваля Voices of Friends: Poetry &Art

LET'S GO TO OUR NATIVE VILLAGE

For months my soul, heart and mood
Longed to go to our native village,
Then completely shaken by yearning,
I got ready quickly. I couldn't image
My life without my childhood home any more.
Why not all go to the country,
And overcome the sadness.
We can send news to the family at once,
Early in the morning, to our little palace.
I quickly gathered my sisters -
One is overjoyed: "We're going home!"
My iron horse sped on and I whisper:
"Oh, fly racehorse defeat homesick syndrome"
We'll read the Quran to our deceased parents
And we'll ask the neighbours on this occasion.
About how ancestors lived and many events
Eyewitnesses will tell us truthfully with passion.
We'll remember our childhood pranks,
We'll share news, discuss life problems.
The country's link to the city, say some people
Never breaks as long as there is a thread between them.
The Universe won't forget repeat to me... of course
The men of the village are magnanimous souls
The Universe will remind, it is my source -
The beginning of my great path through life, my ground.
I go hand in hand with you, my native village
Softly as a parent who says that home is best!
Descendants, ancestors – we're of one blood, one lineage
And all my ardour cannot be held in my excited chest!

Bubuira Bektenova, Kyrgyzstan
Translation from Kyrgyz Nargisa Karasartova
participants of the Voices of Friends: Poetry &Art Festival

КЫРГЫЗСТАН

Мой Кыргызстан, ты лучший из миров,
Мне только здесь уютно и спокойно.
Тебе не надо много разных слов,
Лишь чтоб жила правдиво и достойно.
Здесь око есть – бесценный Иссык-Куль,
Глядящий в небо неподкупным взором
И прячутся снежинки словно тюль,
Под волнами, под голубым подолом.
О, Иссык-Куль, ты так хорош зимой
Не замерзаешь ты в снега, в метели
И где б я ни была, хочу домой,
Где Ала-Тоо, кумыс, Тянь-Шань и ели.
Где горы грандиозны в немоте,
Но всё кричат они нам сквозь столетья
В своей извечной, гордой правоте:
«Цените родину, батыров дети!»
Ведь наши предки проливали кровь
За горсть земли, за правду, за отчизну,
Чтоб продолжался наш древнейший род
Сражались лихо, не жалея жизней.
И мы имеем флаг свой, гимн и герб,
Тюндук – единство всех племён, народов.
И эта крыша юрты, как пример -
Связь с солнцем, с небом и земли природой.
Теперь скажи, скажи мне Ыссык-Куль
Как не любить тебя и эту землю?
Весной в Баткене расцветет Айгуль
Цветок луны – эндемик неизменный.
Но расскажу о нём я в час весны -
Мой Кыргызстан, я в яви вижу сны!

Наргиса Карасартова, Кыргызстан
участник фестиваля Voices of Friends: Poetry &Art

KYRGYZSTAN

My Kyrgyzstan, you're the best of worlds,
You're my homeland and I feel calm here.
You don`t need a lot of colourful words,
You just want me to live truthfully and clear.
There is an eye – my precious Issyk-Kul,
Looking far into the deep of Heaven
Where snowflakes hide like a lacy tulle
Under cloud waves that have always striven
To move… My Issyk-Kul, such lovely place
It won't freeze in winter, in a snowstorm
And wherever I am, I want to go home,
To where Tien Shan is draped like a necklace
Where Ala-Too is stand erect and dump
Yet is yelling us through the centuries
About its eternal, proud right to drum:
"Value the homeland, value the memories!
Because your ancestors shed their blood
For a handful of earth, for the fatherland
They fought bravely; we dedicate a ballade
To their future families!"
We have the flag, the coat of arms today,
We sing an anthem and we have a tundyke –
This yurt roof means never betray
And stay connected with the Sun, with Nature.
Oh, tell me Issyk-Kul on a winter day
How could I not be love in you, my rapture?
Aigul will blossom in Batken in spring
The flower of the moon, it is endemic.
In Kyrgyzstan I feel like have wings
Then I`ll tell about flower`s legend!

Nargisa Karasartova, Kyrgyzstan (translatye by author)
participant of the Voices of Friends: Poetry &Art Festival

СЛОВО НЕ УМРЕТ

Народу русскому есть чем гордиться:
Победами пестрят истории страницы,
Фольклор, наука и литература –
Весомый вклад внесён в всемирную культуру.

У нас в России есть такое, что лишь наше:
Взять хохломской узор – один другого краше,
Взять тульский самовар – один другого жарче,
Взять павловский платок – один другого ярче.

Щи русские вкусны, густы и сытны каши.
Гордимся все мы тем, что испоконно наше.
Хотя в потоке дней, в истории крученьи,
Когда сменилось всё: быт, нравы, увлеченья,

И самовар, и плат с узорами калины
Ушли на задний план, в музейные витрины
Ушли ухват, соха, веретено, лучина…
Но в вечности живут сказанья и былины,

Поэмы и стихи, романы и рассказы,
И басни, и эссе, и даже просто фразы.
Мы слово не запрём, решив, что устарело.
Нет, слово не умрёт! Я заявляю смело –

Не утопить в волнах житейского потока
Что предками как код оставлено потомкам!

Нелли Копейкина, Россия
участник фестиваля Voices of Friends:
Poetry &Art

"Гималаи". Юсуф Крыкбесов, Казахстан. Специальный приз конкурса Voices of Friends: Poetry & Art в категории "Визуальные искусства"

"Himalayas." Yussuf Krykbessov, Kazakhstan. Special prize of the competition Voices of Friends: Poetry & Art in the category "Visual Arts"

«СИЛА ЛЮБВИ» (отрывок)
из серии: «Сердца четырёх»

Пролог.

Метель не унималась, ветер придавал ей силу, и она яростно наступала на город, пугая всех его обитателей необъяснимой злостью и колкостью. Пурга закручивала снег, превращая его в вихрь безумия, нещадно расправляясь и управляя им, как своим помощником в этой схватке природы.

Двухэтажное здание стояло на окраине, трудно было увидеть в снежном неистовстве его очертания. Но внутри было тепло и уютно - это родильный дом - в нем царила любовь, и надежду на лучшее будущее обретали маленькие тельца родившихся младенцев. Там и появилась на свет милая, хрупкая девочка, хозяйка своей удивительной судьбы. Пророчество начертало на её челе венец победителя, а планеты в момент рождения предзнаменовали ей удачу. Но колесо счастья не безоблачно, и испытания, уготованные жизнью, не лишат её жажды приключений, закалят волю и примирят с судьбой. И как Вселенная ни старается наделять человека преимуществами, случаются разные повороты в жизни, которые все могут изменить, она искусно подбирает ситуации и сопоставляет поступки, предоставляет удачи и невзгоды. Если бы всё знать заранее, многого можно было бы избежать.

И неслучайно это дитя рождалась в метель. Сибирский характер закаляется, и мужество проявляется в суровых условиях, так вьюга проникала в черты характера малышки, вырабатывая стойкость и упорство. Но свежий воздух бодрит, он не согревает, и любая метель рано или поздно заканчивается. Снег тает, и уютное долгожданное тепло приятно греет озябшее тело, а любовь - душу, формируя нежность и чуткость, отзывчивость, душевность и чувственность, принося окружающим искреннюю радость и любовь.

Вот такой ей предстояло быть!

Кети Кайрос, Франция
участник фестиваля Voices of Friends: Poetry &Art

ПОРТРЕТ (отрывок)

Художник лежал на кровати весь в белом. Белыми были его рубаха, чистейшие простыни, загрунтованный холст в простой деревянной рамке перед ним на полусогнутых коленях.

Художник начал рисовать женщину, стоящую перед ним, потому что не рисовать его руки не могли.

– Кто это? – женщина испуганно смотрела на старую фотографию на прикроватной тумбе художника.

– Это моя мама, сказал тот.

«Это моя мама»! – хотелось крикнуть невольной натурщице. То же лицо, такого же фасона платье, даже дом такой же, как и на фотографии, которая хранилась у неё в семейном альбоме.

– Её звали Анной, – сказал художник, энергично положив очередной мазок на холст.

– Её звали Марией, – тихо сказала женщина.

Выяснилась, что их матери жили когда-то на одной улице, шили платья у одной портнихи и были похожи так, что мальчишки дразнили их «ребятки из одной грядки».

Женщина смотрела на художника во все глаза! Потом она расплакалась. Потом подошла поближе взглянуть на портрет. С портрета глядела на неё круглыми глазами овца. В огромных удивлённых глазах овцы стояла женщина.

Виктория Левин, Израиль
участник фестиваля Voices of Friends: Poetry &Art

"Белые какаду". Марина Андранюк, Казахстан. Специальный приз конкурса Voices of Friends: Poetry & Art в категории "Визуальные искусства"

"White kakadu." Marina Andranyuk, Kazakhstan. Special prize of the competition Voices of Friends: Poetry & Art in the category "Visual Arts"

«ҚАЛБ ДАЪВАТИ» (отрывок)

Инсонлар хоҳ шимолда, хоҳ жанубда яшасинлар, хоҳ юнон, хоҳ ўзга юртлик бўлсинлар, ягона Худога сиғинадилар. Инсонлар Яратувчини турлича номлар билан атасаларда, бутун оламга ёлғиз Худо ҳокимлик қилади. Ҳамма ерда айни бир Куч ҳукмрондир.

Плутарх, юнонлик файласуф (46-127 йиллар)

Кўзингни оч, ғафлатдан қоч, одамзот! Жаҳолат ботқоғига ботиб қолма! Ўз-ўзингга душманлик қилма! Ўзингни англа, қалбингни тингла!

Эй инсон, ўзингга боқ! Ҳеч ўз-ўзингга савол берганмисан? Қандай пайдо бўлганинг ҳақида ҳеч фикр юритганмисан? Мана шу туришинг, мана шу юришинг ҳақида бир бор бўлса ҳам ўйлаб кўрганмисан? Қандай Куч сени бошқариб туриши ҳақида ҳеч қизиққанмисан? Ёки сен ўзинг шундай, куч-қувватга тўлган ҳолда осмондан тушганмисан?! Яратилмаганмисан?! Сени яратмаганми?! Яратган кимлигини билмайсанми? Ер юзига хўжайинман деб ўйлайсанми?! Абадий яшайсанми?! Яратган ҳузурига қайтмайсанми?!

Мана шу саволларга тўғри жавоб тополсанг, қалб билан ҳис қиласан, ўзлигингни биласан, Оллоҳга қалбинг очасан. Олаётган нафасинг, босаётган қадаминг – синовлигини, бу дунёга меҳмонлигингни, Оллоҳ қудрати ила юрганингни англайсан. Ўзлигингни англаб йиғлайсан. Сени йўқдан бор этган Оллоҳга шукроналар айтасан. Борлиқдан йўқлик сари кетасан, яъни ўзингни бир зарра, бир нуқта деб биласан, ожиз бандалигингни тан оласан, кибру ҳаво қилмайсан, манманликка берилмайсан. Виждон амрини қиласан, яъни ички Қонунга бўйсунасан.

Бу Қонун барчасидан устунлигини биласан. Ҳеч қачон Унга қарши бормайсан, бора олмайсан. Мана шу ҳолат ўзлигингни англаш, ўз қалбингга йўл очиш бўлади. Ана шунда дунёга ҳайрат кўзи ила боқасан, вазифанг нималигини англаб етасан, умрингни беҳудага сарфламайсан, эзгуликлар қилгани шошасан, ҳаёт қадрига етиб ўз ўрнингни топасан.

Ҳаёт мисоли эртак, аввали охири бордир.

Ҳаётни севганларга Оллоҳнинг Ўзи ёрдир.

Зулхумар Кенджиева, Узбекистан
участник фестиваля Voices of Friends: Poetry &Art

"Агра. Индия". Ирина Кройтор, Россия. Финалист конкурса Voices of Friends: Poetry & Art в категории "Визуальные искусства"

"Agra. India" Irina Kroitor, Russia. Finalist of the competition of the competition Voices of Friends: Poetry & Art in the category "Visual Arts"

«ПОЦЕЛУЙ ЕХИДНЫ»
(отрывок из романа)

Ночь легла на городок. Один за другим исчезли пешеходы. Следом – автомобили, рисовавшие своими фарами причудливые узоры на стенах домов. Люди спрятались, отгородившись стеклами и включенным светом. Свет нужен не для того, чтобы отпугивать ночные страхи, они не боятся искусственного света. Он нужен для того, чтобы не было видно тех, кто смотрит на тебя из темноты. Но мы не видим лиц из темноты, заглядывающих к нам в окна, не видим – и значит, их нет. В темноте как бы нет вообще никого. Люди видят только свое окошко…

… просто ночь, и люди смело занимаются своими делами. Два местных бича, напоив дешевым вином соседа по бараку, вовсю лапали его пьяненькую жену. Она хихикала, но не сопротивлялась, и даже помогала им себя раздевать, ведь не впервой. Мелкий предприниматель, хозяин кафе, подъехав с заднего хода, выгружал на склад паленую водку с отечественными этикетками. Часть алкогольного бомонда ослепнет в течение пары лет… Местный священник, откинувшись в кресле, с удовольствием затянулся косячком, стараясь забыть все то, что ему рисовало его живое воображение во время исповеди. На окраине, в частном секторе, миловидная бабулька швырнула через забор котлету, начиненную крысиным ядом, в надежде, что сдохнет наконец этот соседский пес и не будет лаять на ее котика. Не докинула, и утром этой котлеткой позавтракает ее котик…

Много дел происходит ночью. Темнота стирает грани. В темноте не стыдно и не видно. Завтра с восходом солнца все уйдет из памяти, останется только легкое чувство удовлетворения и стыда и то ненадолго. Примерно до завтрака. Но не стоит забывать, за днем непременно настанет ночь.

Иван Митряйкин, Беларусь
участник фестиваля Voices of Friends: Poetry &Art

ТАМ ПАХНЕТ ВОСКОМ, БОЛЬЮ И НАДЕЖДОЙ

Там пахнет воском, болью и надеждой.
И каждая улыбка – в небеса.
Там остров, где поют любым из грешных.
И просто говорят: Открой глаза…

Стою и понимаю: я - есть Дура.
Не стыдно, хоть грустит шальная мысль.
Горит свеча. Но на душе не хмуро
И все слова мои взлетают в высь.

Вдохнула запах воска и… на выход.
Как много дел в карманах серых дней.
Мне небо улыбнулось в спину тихо
И устелило ветром путь идей.

Анастасия Кузьмичева, Беларусь
Финалист конкурса Voices of Friends: Poetry &
Art в категории "Поэзия"

"Лучистый олень". Роза Ред,
Россия. Участник фетиваля Voices
of Friends: Poetry & Art

"Radiant deer" Rosa Red, Russia.
Paticipant of the competition Voices of
Friends: Poetry & Art Festival

СЦЕНА «ПЛАНЕТА ЗЕМЛЯ»

Говорят – «Политика – искусство»:
Нужно строить правильно сюжет,
Линию его приправить буйством,
Полностью придав ей красный цвет.

Злободневность – это козырь темы,
Потому столь важен тут пролог,
Чтобы избежать лихой дилеммы,
Отшлифуем свой игривый слог.

И сама игра, под гром оваций
Обрела невиданный размах,
Занесло нас в зону кульминаций,
Где царит неумолимый страх.

Там повсюду плахи с топорами:
Встали инквизиторы горой;
Поразили мир наш чудесами,
Создали космический застой.

Возопим в молитвах: «Где развязка,
Чтоб не сгинуть в роковом кольце?
Выход лишь в набедренной повязке,
Что мы носим маской на лице».

Рим падёт, вот только б первобытный
Строй, встречая нас, не подкачал;
Раздробим науки дом гранитный! –
Это наш достойнейший финал.

Вновь распнём Христа, а не Варавву,
Ход конём Пилат вновь совершит;
Да, спектакль удался на славу! –
Доблестный герой в нём сам Covid.

Михаил Ананов, Грузия
Специальный приз конкурса Voices of Friends:
Poetry & Art в категории "Поэзия"

"Ось времени". Елена Шилова, Крым. Финалист конкурса Voices of Friends: Poetry & Art в категории "Визуальные искусства"

"The axis of time" Elena Shilova, Crimea. Finalist of the competition of the competition Voices of Friends: Poetry & Art in the category "Visual Arts"

ИЗ ЦИКЛА "СОВЕТЫ ДОКТОРА ЗУБИКА". ПРО КАРИЕС

«Вот конфета, Сладко, сладко!»
Восклицает детвора.
Вот и кариес, ребятки,
Радостно, кричит «Ура!»
- Я испорчу белый зубик!
Будет он, как уголек!
Убирай-ка, пасты тюбик!
Съешь конфету, паренек!
Больше булочек на ужин,
Больше сахара в стакан.
Белый зубик нам не нужен.
Вот такой я хулиган!
Больше дырка, лучше домик.
Любит кариес простор.
В зубе он, как хитрый гномик
День-деньской несет дозор.
Вот откуда боль берется.
Стоит только что-то съесть,
Тут же в ухо отдается.
Это кариеса месть.
- Рушить зубки не позволим!
Ведь себе мы не враги.
Злобный кариес прогоним!
Доктор Зубик, помоги!
Если в зубе поселился
Злобный кариес у вас.
Дырку сделал, там обжился,
И купил противогаз.
Значит, вам пора лечиться,
Отправляться на прием.
Не бояться, не лениться,
Будем гнать его вдвоем!

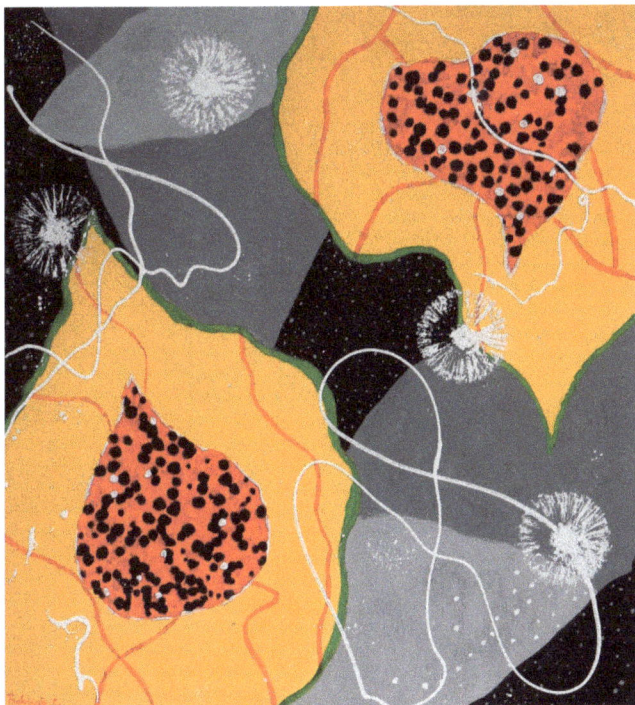

"Фрукт ангелов". Сергей Бабяков, Казахстан. Финалист конкурса Voices of Friends: Poetry & Art в категории "Визуальные искусства"

"Fruit of angels". Sergey Babyakov, Kazakhstan. Finalist of the competition of the competition Voices of Friends: Poetry & Art in the category "Visual Arts"

Помни правило простое.
«Нет конфетам, фруктам – Да!»
И второе золотое:
  «Сахар вовсе не еда!»

Олеся Зайцева, Россия
III место по итогам конкурса Voices of Friends: Poetry & Art в категории "Поэзия"

"Полет". Мария Лузина, Казахстан. Финалист конкурса Voices of Friends: Poetry & Art в категории "Визуальные искусства"

"Flight." Maria Luzina, Kazakhstan. Finalist of the competition of the competition Voices of Friends: Poetry & Art in the category "Visual Arts"

ТЫ ПРОСТИ ЭТУ СЛАБОСТЬ

Ты прости эту слабость, но хочется
Застонать и в объятия броситься.
И душой раствориться в тепле.
Пусть оно к нам пришло в сентябре.

И слетают года, дни и месяцы.
Правят парус судьбы крылья мельницы.
Только веры нам пела струна.
Ну, а память оплачет душа.

Ты прости эту слабость, я праздную,
Что по жизни дорогой шёл разною.
И стоял у истока ручья.
И рекой уносило в моря.

И зови не зови, души сходятся.
Не беда, что гроши только водятся.
Но ложится на плечи рука,
Если нас достаёт суета.

Ты прости эту слабость и прежние,
Было дело - ушли годы вешние.
Но, прижавшись щекою к плечу,
Память светлую им отмолчу.

Отмолю! Не со зла был невеждою,
Залечу я души кожу нежную.
И с надеждою вновь закричу:
"Я люблю эту жизнь! Я люблю!"

Рашит Миниханов, Казахстан
II место по итогам конкурса Voices of
Friends: Poetry & Art в категории "Поэзия"

ОБРУШЕН ДИКИЙ ВИНОГРАД, ЧТО ПОЛДНЕМ ПОЛНИЛСЯ ПЬЯНЯЩИМ...

Обрушен дикий виноград, что полднем полнился пьянящим,
И – памятником настоящему мгновенью – застывает сад...
Лучи, зарывшиеся в крыш – ярчайшей вспышкой фотоснимок! –
Ржаную глину...Память – лишь времён безликих поединок.

Ещё невидима гроза, огни, буравящие воздух,
Но, чуткий, замирает сад, шевелит розовые ноздри.
Сквозь занавесь плывет в окно медовый дух ржаного хлеба,
И брызжет новое вино из жил расколотого неба...
Гроза... В ней будущего тень, ещё не сказанное слово,
И боль склонившихся колен пред алтарем старинным... Снова

Плашмя упавшие цветы, своё проклявшие неверье,
И Свет, и близость Высоты, и в Ночь прорубленные двери...
Точило вызревшего дня – лозы ветшающей и старой,
И плотность зоркости огня, вновь наносящего удары...

Гроза – иль скорописца трость? – что огненным
                                                подвластна строкам,
Или надломленная гроздь, затекшая лиловым соком?..
...Средь ветра, веток трескотни лучи – всей тяжестью
                                                – прорвутся –
Так сердце билось в эти дни, как будто жаждало проснуться,

Слова увидеть – Ветхих книг, иное обретая зренье,
Увековечивая миг всей ясностью произнесенья
Их... Затихающую тень
Относит с эхом – дальше, дальше,

И, предваряя новый день,
Над нами всходит свод звенящий,
В развалах звёздных…

Юлия Ольшевская-Хаценбёллер, Германия
I место по итогам конкурса Voices of Friends:
Poetry & Art в категории "Поэзия"

"Небесные знаки". Елена Цыгвинцева, Казахстан. Финалист конкурса Voices of Friends: Poetry & Art в категории "Визуальные искусства"

"Signs of Haven". Elena Tsygvintseva, Kazakhstan. Finalist of the competition of the competition Voices of Friends: Poetry & Art in the category "Visual Arts"

"Кыргызские горы". Гульнара Джолдошбекова, Кыргызстан. III место по итогам конкурса Voices of Friends: Poetry & Art в категории "Визуальные искусства"

"Kyrgyz Mountains." Gulnara Dzholdoshbekova, Kyrgyzstan. III place according to the results of the competition Voices of Friends: Poetry & Art in the category "Visual Arts"

"Амазонка Сак". Аруай Тасмагамбетова, Казахстан. II место по итогам конкурса Voices of Friends: Poetry & Art в категории "Визуальные искусства"

"Amazon the Sak". Aruay Tasmagambetova, Kazakhstan. II place according to the results of the competition Voices of Friends: Poetry & Art in the category "Visual Arts"

"Красная река". Эдуард Каменских, Казахстан.
I место по итогам конкурса Voices of Friends: Poetry &
Art в категории "Визуальные искусства"

"Red River." Eduard Kamenskih, Kazakhstan.
I place according to the results of the competition Voices of Friends: Poetry & Art in the category "Visual Arts"

VI ЕВРАЗИЙСКАЯ НЕДЕЛЯ КУЛЬТУРЫ В ЛОНДОНЕ

EURASIAN CULTURE WEEK
IN LONDON

Неважно, из какой вы страны, области, города — Евразийская Неделя Культуры призвана дать вам возможность заявить о себе и представить свои произведения на международном уровне в Лондоне.

ДАТЫ: 1-7 ОКТЯБРЯ 2022Г.

ФОРМАТЫ УЧАСТИЯ

- *ЗРИТЕЛЬ*
- *ОФИЦИАЛЬНЫЙ УЧАСТНИК*
- *ВЫСТАВКА*
- *КИНОПОКАЗ*
- *СПИКЕР*
- *ОНЛАЙН УЧАСТНИК*

www.rus.eurasiancreativeguild.uk/ecw
lari@ocamagazine.com
+44 7490 576 010 (Anna Lari)

VI EURASIAN CULTURE WEEK IN LONDON

Eurasian Culture Week (ECW) is an international cultural festival that brings together people from all over the world to present their creative works in the cultural center of the world, in England.

DATE: 1 – 7TH OF OCTOBER

OPTIONS OF PARTICIPATION

- *SPECTATOR*
- *OFFICIAL PARTICIPANT*
- *EXHIBITION*
- *FILM SCREENING*
- *SPEAKER*
- *ONLINE PARTICIPATION*

www.1.eurasiancreativeguild.uk/ecw
lari@ocamagazine.com
+44 7490 576 010 (Anna Lari)

СОДЕРЖАНИЕ

ИЗДАТЕЛЬ   МАРАТ (МАРК) АХМЕДЖАНОВ
ШЕФ-РЕДАКТОР   ТАЙНА КАУНИС
СО-РЕДАКТОР   ГАРЕТ СТАМП
ПОМОЩНИК РЕДАКТОРА   АКНУР НУРТАЗА
ДИЗАЙН   ТАЙНА КАУНИС

Культурно-туристический путеводитель BURABAY 4Seasons
#1 ОСЕНЬ 2021
издан по заказу творчнской резиденции ECG HORIZONS

КОНТАКТЫ
t-kaunis@ocamagazine.com
Instant messengers (WhatsApp/Telegram/Viber/imo)
+44 7926 221564, +7 902 446 3896 (CIS)

АДРЕС РЕДАКЦИИ
SILK ROAD MEEDIA LTD
SUITE 125, 43 BEDFORD STREET
COVENT GARDEN
LONDON
WC2E 9HA, UK

CONTENTS

PUBLISHER   MARAT (MARK) AKHMEDJANOV
EDITOR-IN-CHIEF   TAINA KAUNIS
CO-EDITOR   GARETH STAMP
EDITOR ASSISTANT   AKNUR NURTAZA
DESIGN   TAINA KAUNIS

EURASIAN CREATIVE GUILD LONDON   OCA MAGAZINE   HORIZONS

Cultural and touristic guide BURABAY 4Seasons
#1 FALL 2021
Guide published for the ECG HORIZONS creative residence

CONTACT INFORMATION
t-kaunis@ocamagazine.com
Instant messengers (WhatsApp/Telegram/Viber/imo)
+44 7926 221564, +7 902 446 3896 (CIS)

EDITORIAL OFFICE
SILK ROAD MEEDIA LTD
SUITE 125, 43 BEDFORD STREET
COVENT GARDEN
LONDON
WC2E 9HA, UK

EURASIAN CREATIVE GUILD (LONDON)

ESTABLISHED IN 2015

The Eurasian Creative Guild (London) was created in 2015 as a platform uniting creative people from all over Eurasia. It brings together hundreds of cultural figures from around the world: writers, musicians, dancers, illustrators, graphic designers, sculptors, poets, as well as anyone who considers himself a creative person.

More about us:
www.1.eurasiancreativeguild.uk

Евразийская Творческая Гильдия (Лондон) была создана в 2015 году, как платформа, объединяющая творческих людей со всех уголков Евразии. Это площадка для деятелей культур со всего мира: писателей, музыкантов, танцоров, иллюстраторов, поэтов, графических дизайнеров, скульпторов, а также для любого, кто считает себя творческой личностью.

Подробнее о нас:
www.rus.eurasiancreativeguild.uk

Contact info// Контакты

guild@ocamagazine.com

Eurasian Creative Guild

eurasian_creative_guild

+447411978955

Suite 125, 43 Bedford Street
Covent Garden, London
WC2E 9HA, UK